BITCOIN

Die digitale Währung der Zukunft

Philipp Frühwirth

INHALT

DIE GESCHICHTE VON BITCOIN

Die Geschichte von Bitcoin beginnt im Jahr 2008, als eine Person oder Gruppe mit dem Pseudonym Satoshi Nakamoto das Konzept von Bitcoin in einem Whitepaper vorgestellt hat. Der Kern von Bitcoins Technologie ist die Blockchain, ein verteiltes digitales Hauptbuch, das die Historie aller Transaktionen aufzeichnet. Die Blockchain ermöglicht es, dass Bitcoin-Transaktionen dezentral durchgeführt werden können und ohne Zwischenhändler wie Banken.

Die Idee von Bitcoin stieß zunächst auf Skepsis und Missverständnisse in der Öffentlichkeit. Einige betrachteten es als eine weitere digitale Währung, die ihre Wurzeln im Internet hat, während andere es als eine Möglichkeit sahen, illegale Aktivitäten zu fördern. Es dauerte einige Jahre, bis Bitcoin mehr Aufmerksamkeit von der Öffentlichkeit und Investoren erhielt.

Im Jahr 2010 wurde der erste Bitcoin-Wechselkurs festgelegt, bei dem eine Person 10.000 Bitcoins für zwei Pizzas austauschte. Die Währung erhielt im Jahr 2011 mehr Aufmerksamkeit, als sie erstmals 1 US-Dollar erreichte. Es folgte ein weiterer Anstieg im Jahr 2013, als der Preis pro Bitcoin auf fast 1.000 US-Dollar anstieg, bevor er aufgrund von regulatorischen Bedenken und technischen Problemen wieder auf unter 200 US-Dollar fiel.

Der Handel mit Bitcoin und anderen Kryptowährungen wurde im Jahr 2014 durch den Zusammenbruch des Bitcoin-Marktplatzes Mt. Gox beeinträchtigt. Dies war die größte Bitcoin-Börse und der Zusammenbruch führte dazu, dass Millionen von Dollar an Benutzer-Geldern verloren gingen. Dies unterstreicht auch, dass der Handel mit Bitcoin und anderen Kryptowährungen mit Risiken verbunden ist.

Im Jahr 2017 hat Bitcoin einen Anstieg erfahren, der es auf einen Höchststand von fast 20.000 US-Dollar pro Bitcoin brachte. Dieser Anstieg wurde durch eine starke Nachfrage von Investoren, die von der Kryptowährung angezogen wurden, sowie von der wachsenden Akzeptanz von Unternehmen wie Microsoft und Expedia, die Bitcoin als Zahlungsmittel akzeptierten, unterstützt.

Heute ist Bitcoin eine bekannte Kryptowährung auf globaler Ebene und wird von einer wachsenden Anzahl von Unternehmen und Investoren genutzt. Es gibt jedoch noch viele Herausforderungen und Unsicherheiten, die mit der Verwendung von Bitcoin verbunden sind, was bedeutet, dass sich die Geschichte von Bitcoin noch weiter entwickeln wird. Es bleibt spannend zu sehen, wie sich dieser Markt in Zukunft entwickelt und welche Rolle Bitcoin in der globalen Finanzwelt spielen wird.

WAS IST BITCOIN UND WIE FUNKTIONIERT ES?

Bitcoin ist eine digitale Währung, die 2009 von einer unbekannten Person oder Gruppe namens Satoshi Nakamoto eingeführt wurde. Es ist eine dezentralisierte Währung, die von keiner Regierung oder Institution kontrolliert wird und als Peer-to-Peer-Netzwerk fungiert. Das bedeutet, dass jeder Bitcoin-User ein Teil des Netzwerks ist und Bitcoin-Transaktionen direkt mit anderen Usern durchführen kann, ohne dass eine dritte Partei involviert ist.

Das Herzstück des Bitcoin-Netzwerks ist die Blockchain-Technologie, die als eine Datenbank fungiert und permanent alle Transaktionen speichert. Dies ermöglicht die Verfolgung aller Transaktionen und stellt damit eine zuverlässige Methode zur Verfügung, um das Eigentum an Bitcoins zu überprüfen.

Jeder Bitcoin-User hat eine Wallet, welche als eine digitale Geldbörse fungiert. Die Wallets können auf Computern oder mobilen Geräten installiert werden und erlauben das Verwalten und Überweisen von Bitcoins. Eine Wallet besteht aus einer öffentlichen Adresse, die zur Entgegennahme von Zahlungen genutzt wird, und einem privaten Schlüssel, der für den Zugriff auf die Bitcoin-Gelder benötigt wird.

Eine wichtige Eigenschaft von Bitcoin ist, dass es eine begrenzte Anzahl von Bitcoins gibt, die jemals geschaffen werden können. Insgesamt können nur 21 Millionen Bitcoins existieren, wovon aktuell ca. 18 Millionen im Umlauf sind. Die Erschaffung von neuen Bitcoins erfolgt durch Bitcoin-Mining, welches ein Prozess ist, bei dem komplexe mathematische Aufgaben gelöst werden, um neue Blöcke in die Blockchain hinzuzufügen und dafür

Belohnungen in Form von Bitcoins zu erhalten.

Ein weiteres wichtiges Merkmal von Bitcoin ist, dass es eine deflationäre Währung ist. Im Gegensatz zu traditionellen Währungen, wo die zentrale Bank Geld drucken kann, um die Geldmenge zu erhöhen, kann die Anzahl von Bitcoins nicht einfach erhöht werden. Es wird erwartet, dass die begrenzte Anzahl von Bitcoins und die hohe Nachfrage zu einer höheren Bewertung von Bitcoin führen wird.

Insgesamt bietet Bitcoin viele Vorteile, wie eine schnelle und effiziente Zahlungsabwicklung, niedrigere Transaktionsgebühren im Vergleich zu herkömmlichen Methoden und eine dezentralisierte Kontrolle. Allerdings gibt es auch Herausforderungen und Risiken wie die Möglichkeit von Hackerangriffen und dem Verlust von Bitcoins durch fehlerhafte Überweisungen. Als Krypto-Asset ist Bitcoin auch von der allgemeinen Marktentwicklung und der Regulierung von Kryptowährungen betroffen.

BITCOIN VS. HERKÖMMLICHE WÄHRUNGEN

Bitcoin als digitale Währung hat im Vergleich zu herkömmlichen Währungen wie dem US-Dollar oder dem Euro einige wichtige Unterschiede. Aufgrund dieser Unterschiede sieht Bitcoin viele Vorteile gegenüber herkömmlichen Währungen. Im Folgenden werden wir einige dieser Unterschiede besprechen.

1. Dezentralisierung: Eines der größten Unterschiede zwischen Bitcoin und traditionellen Währungen ist die Dezentralisierung. Es gibt keine Zentralbank oder keine Institution, die das Netzwerk kontrolliert. Stattdessen wird das Bitcoin-Netzwerk von allen Teilnehmern, die Transaktionen durchführen, kontrolliert. Dies erhöht die Transparenz und Sicherheit in den Transaktionen.

2. Anonymität: Bitcoin-Transaktionen sind, anders als bei herkömmlichen Währungen, anonym, da keine persönlichen Daten angegeben werden müssen. Dies ist ein wichtiger Vorteil für Menschen, die ihre Finanzen privat halten wollen.

3. Keine Gebühren oder Niedrigere Gebühren: Die Gebühren, die bei herkömmlichen Währungen anfallen, um beispielsweise Geld ins Ausland zu schicken, können oft sehr hoch sein. Bitcoin erhebt normalerweise nur eine geringe Transaktionsgebühr, unabhängig davon, wohin das Geld geschickt wird.

4. Schnelle Überweisungen und Bestätigungen: Die Übertragung von Bitcoin ist sehr schnell. Eine Transaktion kann innerhalb von wenigen Minuten bestätigt werden, unabhängig von der Entfernung und der Menge des Geldes, das überwiesen wird.

5. Geringere Inflation: Bitcoin-Transaktionen werden durch ein digitales Register aufgezeichnet, das als Blockchain bezeichnet

wird. Neue Bitcoins werden nur dann generiert, wenn ein bestimmtes Programm ausgeführt wird. Die Menge an Bitcoins, die generiert werden, ist begrenzt und erhöht sich nur sehr langsam. Im Gegensatz dazu können Regierungen herkömmlicher Währungen mehr Geld drucken, was zu einer höheren Inflation führen kann.

6. Keine Kontrolle von Staaten oder Regierungen: Bitcoin ist eine internationale digitale Währung. Es wird nicht von einem Land oder einer Regierung kontrolliert. Dies bedeutet, dass es keinen Einfluss von Änderungen in der Politik oder Regierungsentscheidungen in Bezug auf andere Währungen gibt.

Obwohl Bitcoin viele Vorteile gegenüber herkömmlichen Währungen hat, gibt es auch einige Nachteile. Die Schwankungen im Bitcoin-Preis können sehr instabil sein, was bedeutet, dass es sehr risikoreich ist. Es gibt auch das Risiko von Hacks und Cyberangriffen, die das System beeinträchtigen können. Trotzdem ist Bitcoin eine vielversprechende digitale Währung und hat das Potenzial, das Finanzsystem zu revolutionieren.

WIE MAN BITCOIN KAUFEN
UND VERKAUFEN KANN

Bitcoin ist eine Kryptowährung und es gibt mehrere Möglichkeiten, Bitcoin zu kaufen oder zu verkaufen. In diesem Kapitel werden wir einen Überblick über die verschiedenen Optionen geben.

1. Kryptowährungsbörsen:
Der Kauf und Verkauf von Bitcoin auf Kryptowährungsbörsen ist der beliebteste Weg, um Bitcoin zu handeln. Eine Kryptowährungsbörse ist eine digitale Plattform, auf der Käufer und Verkäufer Kryptowährungen wie Bitcoin handeln können. Die bekanntesten Kryptowährungsbörsen sind Coinbase, Binance und Kraken. Um auf einer Kryptowährungsbörse zu handeln, müssen Sie sich registrieren und Ihre Identität verifizieren. Dieser Prozess kann einige Tage in Anspruch nehmen.

2. Peer-to-Peer-Marktplätze:
Peer-to-Peer-Marktplätze wie LocalBitcoins und Paxful sind Plattformen, auf denen Käufer und Verkäufer direkt miteinander handeln können, ohne eine Drittpartei wie eine Kryptowährungsbörse zu benötigen. Die Verkäufer können ihre Bitcoin auf der Plattform zum Verkauf anbieten und die Käufer können nach Angeboten suchen und sich mit dem Verkäufer über die Plattform in Verbindung setzen, um den Kauf abzuschließen.

3. Bitcoin-Geldautomaten:
Bitcoin-Geldautomaten sind spezielle Geldautomaten, die Bitcoin gegen Bargeld anbieten. Die meisten dieser Automaten befinden sich in öffentlichen Orten wie Einkaufszentren oder Flughäfen. Um Bitcoin an einem Geldautomaten zu kaufen, müssen Sie Ihre E-Wallet (digitale Geldbörse) scannen und den gewünschten

Betrag eingeben. Der Geldautomat gibt dann den entsprechenden Betrag in Bitcoin aus.

4. Bitcoin-OTC-Abwicklung:

OTC (Over The Counter) bezieht sich auf den Kauf oder Verkauf von Bitcoin direkt zwischen zwei Parteien, ohne dass ein Broker oder eine Börse eingeschaltet wird. Dies ist der beste Weg für institutionelle Anleger, große Mengen an Bitcoin zu kaufen oder zu verkaufen. In der Regel stellen OTC-Broker die notwendigen Liquiditätsmittel bereit, um große Bitcoin-Transaktionen abzuwickeln.

Es gibt also viele Möglichkeiten, Bitcoin zu kaufen und zu verkaufen. Die Wahl hängt davon ab, wie viel Bitcoin Sie kaufen oder verkaufen möchten und welche Methode am bequemsten oder geeignetsten für Sie ist. Beim Kauf und Verkauf von Bitcoin sollten Sie immer sicherstellen, dass Sie Ihre persönlichen Informationen schützen und nur von vertrauenswürdigen Quellen kaufen oder verkaufen.

DIE SICHERHEIT VON BITCOIN-TRANSAKTIONEN

Die Sicherheit von Bitcoin-Transaktionen ist ein wichtiger Aspekt der Verwendung von Bitcoin. Da die virtuelle Währung dezentralisiert ist, ist es wichtig, dass Benutzer ihre Bitcoin-Transaktionen sicher durchführen und ihr Bitcoin-Wallet immer sicher aufbewahren. In diesem Kapitel werden wir einige der wichtigsten Aspekte der Sicherheit von Bitcoin-Transaktionen diskutieren.

Zunächst ist es wichtig zu betonen, dass Bitcoin-Transaktionen irreversible sind. Sobald eine Transaktion getätigt wurde, kann sie nicht rückgängig gemacht werden. Daher ist es bei Bitcoin-Transaktionen unerlässlich sicherzustellen, dass alle Details korrekt sind, bevor sie ausgeführt werden.

Eine der wichtigsten Sicherheitsmaßnahmen bei Bitcoin-Transaktionen ist die Verwendung von sicheren Wallets. Es gibt verschiedene Arten von Wallets, wie Hardware-Wallets, Software-Wallets und papierbasierte Wallets. Hardware-Wallets gelten als die sichersten, da sie offline aufbewahrt werden und nicht anfällig für Internetangriffe sind. Software-Wallets sollten nur von vertrauenswürdigen Unternehmen heruntergeladen werden und sollten immer auf dem neuesten Stand gehalten werden, um Sicherheitslücken zu vermeiden. Papierbasierte Wallets sollten immer an einem sicheren Ort aufbewahrt werden, da sie anfällig für Brände oder Überschwemmungen sein können.

Ein weiterer wichtiger Aspekt bei der Sicherheit von Bitcoin-Transaktionen ist die Überprüfung der Empfängeradresse. Es ist wichtig sicherzustellen, dass die Adresse korrekt ist, bevor eine Transaktion ausgeführt wird. Eine falsche Adresse kann dazu führen, dass Bitcoins irreversibel an eine falsche Adresse gesendet werden, was zu einem Verlust führt.

Es ist auch wichtig, dass Benutzer ihre privaten Schlüssel sicher aufbewahren. Ein privater Schlüssel ist notwendig, um Bitcoin aus einer Wallet zu senden. Daher sollten private Schlüssel niemals an Dritte weitergegeben oder online gespeichert werden. Ein Diebstahl des privaten Schlüssels kann dazu führen, dass alle Bitcoins aus der Wallet gestohlen werden.

Schließlich ist es wichtig, dass Benutzer immer vorsichtig mit Phishing-Angriffen sind. Phishing-Angriffe sind eine häufige Methode, mit der Betrüger versuchen, Benutzer zur Weitergabe von Informationen oder zum Senden von Geld zu verleiten. Benutzer sollten immer überprüfen, ob eine E-Mail oder eine Nachricht von einer vertrauenswürdigen Quelle stammt, bevor sie darauf antworten oder weitere Informationen preisgeben.

Zusammenfassend lässt sich sagen, dass die Sicherheit von Bitcoin-Transaktionen von großer Bedeutung ist. Benutzer sollten immer vorsichtig sein und geeignete Sicherheitsmaßnahmen ergreifen, um ihre Bitcoins und Wallets zu schützen. Sichere Wallets, Überprüfung von Empfängeradressen und private Schlüssel sowie Vorsicht bei Phishing-Angriffen sind einige der wichtigsten Sicherheitsmaßnahmen bei Bitcoin-Transaktionen.

VERWENDUNGSMÖGLICHKEITE N VON BITCOIN

Bitcoin ist eine digitale Währung, die eine Alternative zu herkömmlichen Fiat-Währungen darstellt. Aufgrund seiner dezentralen Natur und seiner schnellen und sicheren Transaktionen hat Bitcoin in den letzten Jahren zunehmend an Akzeptanz gewonnen. Im Folgenden werden einige der vielen Verwendungsmöglichkeiten von Bitcoin aufgeführt.

1. Online-Einkäufe: Eine der häufigsten Verwendungsmöglichkeiten von Bitcoin ist der Online-Kauf von Waren und Dienstleistungen. Viele Online-Shops und E-Commerce-Websites akzeptieren heute Bitcoin als Zahlungsmittel.

2. Reisebuchungen: Einige Reise-Unternehmen ermöglichen es ihren Kunden, mit Bitcoin zu bezahlen. Da Bitcoin grenzüberschreitende Transaktionen ermöglicht, kann die Verwendung von Bitcoin bei der Buchung von internationalen Flügen und Hotels sehr vorteilhaft sein.

3. Spenden: Viele gemeinnützige Organisationen akzeptieren Bitcoin-Spenden, da dies eine schnelle und sichere Methode ist, Geld zu spenden.

4. Peer-to-Peer-Transaktionen: Bitcoin kann direkt zwischen Personen ohne Zwischenhändler wie Banken oder Zahlungsabwickler gesendet werden. Dies kann es insbesondere für Personen in Ländern mit schlechtem Bankwesen erleichtern, Gelder zu senden und zu erhalten.

5. Investitionen: Bitcoin kann auch als Investition verwendet werden. Da Bitcoin begrenzt ist und keine zentrale Regulierung

hat, hat es in der Vergangenheit eine hohe Volatilität gezeigt, was es zu einem potenziell lukrativen Investment macht.

6. Gehaltszahlungen: Einige Arbeitgeber zahlen ihren Mitarbeitern in Bitcoin, insbesondere in der Tech- und Kryptoindustrie.

7. Immobilien: Einige Immobilienunternehmen erlauben es Kunden, mit Bitcoin Immobilien zu kaufen.

8. Finanzierung von Unternehmen: Unternehmen können auch Bitcoin als Finanzierungsinstrument nutzen, indem sie Bitcoin von Investoren in Form von ICOs (Initial Coin Offerings) sammeln.

Obwohl Bitcoin noch nicht von allen Unternehmen und Ländern akzeptiert wird, gibt es ein zunehmendes Interesse an der Verwendung von Bitcoin als Zahlungsmittel und Investition. Es ist klar, dass Bitcoin in Zukunft eine wichtigere Rolle spielen wird, insbesondere wenn es um grenzüberschreitende Transaktionen geht.

KRYPTOWÄHRUNGEN UND BLOCKCHAIN-TECHNOLOGIE

Bitcoin ist eine Kryptowährung, die auf der Blockchain-Technologie basiert. Die Idee hinter der Blockchain-Technologie besteht darin, dass Transaktionen zwischen Parteien direkt, schneller und ohne Dritten ausgeführt werden können. Durch die Verwendung des dezentralisierten Netzwerks ist es schwieriger, doppelte Ausgaben zu tätigen.

Die Blockchain-Technologie ist das Fundament von Bitcoin und aller Kryptowährungen. Es handelt sich um eine dezentrale, öffentliche Buchhaltung, die die Aufzeichnung von Transaktionen in einer transparenten und unveränderlichen Art und Weise ermöglicht. Die Blockchain-Technologie löst das Problem der Zentralisierung der Daten und verhindert gleichzeitig, dass jemand bei Transaktionen Betrug begeht.

Die Blockchain setzt sich aus verschiedenen Blöcken zusammen, die miteinander durch kryptographische Hash-Funktionen verbunden sind. Jeder Block enthält mehrere Transaktionen und einen Hash des vorherigen Blocks. Auf diese Weise wird die Kette von Blöcken aufgebaut, die unveränderlich ist und keine Änderung von Transaktionen zulässt, sobald ein Block in die Kette aufgenommen wurde.

Ein weiterer Vorteil der Blockchain-Technologie besteht darin, dass sie sicherstellt, dass jeder Teilnehmer des dezentralen Netzwerks ein vollständiges und konsistentes Ledger hat. Auf diese Weise können alle Teilnehmer auf das gleiche Buchhaltungssystem zugreifen, ohne darauf vertrauen zu müssen, dass ein zentraler Akteur die Daten korrekt verwaltet.

Außerdem ermöglicht die Blockchain-Technologie auch Smart Contracts. Smart Contracts sind selbstausführende Programmcode, die Teilnehmer automatisch auszahlen oder Assets übertragen, wenn gewisse Bedingungen erfüllt sind. Dadurch können Verträge effizienter und kostengünstiger ausgeführt werden, ohne dass ein Dritter als Vermittler fungiert.

Die Verwendung von Blockchain und Smart Contracts hat auch das Potenzial, den Handel in verschiedenen Branchen zu revolutionieren und die Notwendigkeit von Intermediären zu verringern. Zum Beispiel könnten Warenlieferungen auf Basis von Smart-Contracts optimiert werden, indem der Zustand der Lieferung automatisch bestätigt wird und der Zahlungsprozess automatisiert wird.

Gegenwärtig steckt die Blockchain-Technologie noch in den Anfängen ihrer Entwicklung, aber es gibt viele Anwendungen, die sie revolutionieren könnten. Die Möglichkeiten zur Verbesserung der Geschwindigkeit, Sicherheit und Effizienz von Transaktionen sind endlos und es bleibt abzuwarten, wie die Technologie in den nächsten Jahren weiterentwickelt wird.

LEGALE ASPEKTE VON BITCOIN

Bitcoin und andere Kryptowährungen haben in den letzten Jahren zunehmend an Bedeutung gewonnen, was zu einer verstärkten Regulierung durch Regierungsbehörden auf der ganzen Welt geführt hat. In einigen Ländern ist der Handel mit Kryptowährungen vollständig legalisiert, während in anderen der rechtliche Status unklar ist. In diesem Kapitel werden die grundlegenden rechtlichen Aspekte von Bitcoin beleuchtet und wie diese je nach Land variieren können.

In den meisten Ländern wird Bitcoin als eine legitime Währung angesehen. Der US IRS betrachtet die Kryptowährung als ein Asset, das steuerpflichtig ist, während in anderen Ländern wie Deutschland Bitcoin als eine Art digitale Währung akzeptiert wird. Es ist jedoch wichtig zu beachten, dass die steuerrechtlichen Aspekte von Bitcoin von Land zu Land unterschiedlich sind, was dazu führt, dass die Steuerpflichtigen möglicherweise unterschiedliche Anforderungen erfüllen müssen.

In vielen Ländern besteht die Hauptverantwortung der Regierungen darin, illegale Aktivitäten wie Geldwäsche und Terrorismusfinanzierung zu verhindern. Das Potenzial von Bitcoin zur Abwicklung solcher illegalen Aktivitäten ist jedoch ein wichtiger Faktor, der die Wahrnehmung der Kryptowährung beeinflusst. Um das Risiko zu minimieren, haben einige Länder Regelungen eingeführt, die darauf abzielen, die Verwendung von Bitcoin durch kriminelle Vereinigungen zu verhindern.

In einigen Ländern wird der Handel mit Bitcoin durch klare Regulierungsvorschriften erleichtert, während in anderen Ländern der rechtliche Status von Bitcoin immer noch unklar ist. In Ländern mit einem klaren Rechtsrahmen gibt es Regulierungsbehörden, die den Handel mit digitalen Währungen regulieren und überwachen, um den Schutz der Benutzer zu gewährleisten.

Die Legalität von Bitcoin kann auch durch nationale Ausschreibungen beeinflusst werden. In einigen Ländern hat die Regierung den Einsatz von Bitcoin bei öffentlichen Ausschreibungen erlaubt, was dazu beitragen könnte, die Verbreitung und Akzeptanz von Kryptowährungen zu fördern.

Fazit:

Obwohl sich der rechtliche Rahmen Bitcoin um die Welt noch weiterentwickeln muss, wächst das Interesse an Kryptowährungen insgesamt. Es sollte jedoch beachtet werden, dass das regulatorische Umfeld von Land zu Land unterschiedlich ist, was dazu führt, dass die Benutzer unterschiedliche Herausforderungen bewältigen müssen. Es ist wichtig, sich darüber im Klaren zu sein, wie die rechtlichen Rahmenbedingungen die Verwendung von Bitcoin beeinflussen können, bevor man sich entscheidet, in Kryptowährungen zu investieren.

BESTE BITCOIN-WALLETS

Sobald Sie Bitcoin gekauft oder erhalten haben, stellt sich die Frage: Wo sollten Sie Ihre Kryptowährung aufbewahren? Die Antwort darauf lautet: in einer digitalen Geldbörse, auch als Wallet bezeichnet. Es gibt viele verschiedene Bitcoin-Wallets, aber welche sind die besten?

1. Hardware-Wallets

Hardware-Wallets sind physische Geräte, die wie ein USB-Stick aussehen und für die Aufbewahrung von Kryptowährungen verwendet werden können. Der Ledger Nano S und Trezor sind die beiden meistgenutzten Hardware-Wallets für Bitcoin und andere Kryptowährungen. Beide sind sehr sicher, da sie Offline-Speicher nutzen, um Ihre privaten Schlüssel zu schützen.

2. Desktop-Wallets

Desktop-Wallets sind Softwareprogramme, die auf Ihrem Computer installiert werden und für die Aufbewahrung von Kryptowährungen verwendet werden können. Electrum ist die meistgenutzte Desktop-Wallet für Bitcoin, da sie schnell, einfach zu bedienen und sicher ist. Andere beliebte Desktop-Wallets sind Bitcoin Core, Armory und Exodus.

3. Mobile Wallets

Mobile Wallets sind Apps, die auf Ihrem Smartphone installiert werden und für die Aufbewahrung von Kryptowährungen verwendet werden können. Edge und BRD sind zwei der beliebtesten mobilen Wallets für Bitcoin und andere Kryptowährungen. Beide bieten eine benutzerfreundliche Oberfläche und sind sehr sicher.

4. Paper-Wallets

Paper-Wallets, auch Cold Storage genannt, sind physische Ausdrucke Ihrer privaten Schlüssel auf Papier. Sie sind eine gute Option für langfristige Aufbewahrung, da sie vollständig offline sind und somit sehr sicher. Es gibt viele Tools, mit denen Sie eine Papier-Brieftasche erstellen können, wie z.B. Bitaddress.org.

Fazit:

Es gibt viele verschiedene Arten von Bitcoin-Wallets zur Auswahl, aber die sichersten sind Hardware-Wallets und Paper-Wallets, da sie vollständig offline und somit am schwersten zu hacken sind. Wählen Sie die Wallet aus, die Ihren Anforderungen am besten entspricht und prüfen Sie immer deren Sicherheitsfunktionen, bevor Sie Ihre Bitcoins aufbewahren.

WIE MAN DAS POTENZIAL VON BITCOIN NUTZEN KANN

Bitcoin hat in den letzten Jahren eine Menge Aufmerksamkeit auf sich gezogen - und das aus gutem Grund. Als eine dezentrale, digitale Währung, die unabhängig von Regierungen und Banken arbeitet, bietet sie zahlreiche Vorteile gegenüber herkömmlichen Währungen. In diesem Kapitel diskutieren wir, wie man das Potenzial von Bitcoin am besten nutzen kann.

1. Investieren in Bitcoin

Eine Möglichkeit, das Potenzial von Bitcoin zu nutzen, ist, in die Währung zu investieren. Dies kann entweder als langfristiges Investment oder durch den Handel mit Bitcoin erfolgen. Im Vergleich zu traditionellen Anlagen wie Aktien und Anleihen ist Bitcoin volatiler und kann schneller an Wert gewinnen oder verlieren. Bitcoin als Investment ist daher für Anleger geeignet, die ein höheres Risiko eingehen möchten.

2. Verwendung für den internationalen Zahlungsverkehr

Eine der größten Stärken von Bitcoin ist die Fähigkeit, grenzüberschreitende Transaktionen schnell und effizient abzuwickeln. Da Bitcoin unabhängig von nationalen Währungen funktioniert, können Transaktionen problemlos zwischen verschiedenen Ländern durchgeführt werden. Darüber hinaus können die Transaktionsgebühren für Bitcoin-Transaktionen im Vergleich zu traditionellen Zahlungsmethoden wie Kreditkarten oder Überweisungen niedriger sein.

3. Bezahlen für Waren und Dienstleistungen

Bitcoin kann auch als Zahlungsmittel für Waren und

Dienstleistungen verwendet werden - obwohl dies derzeit noch nicht sehr verbreitet ist. Einige Unternehmen akzeptieren bereits Bitcoin als Zahlungsmittel, und mit der zunehmenden Beliebtheit der Währung wird erwartet, dass dies bald weiter zunimmt. Insbesondere für internationale Transaktionen kann Bitcoin eine sehr attraktive Payment-Lösung sein.

4. Blockchain-Technologie nutzen

Bitcoin ist auch eng mit der Blockchain-Technologie verknüpft, die die Grundlage für die Funktionsweise der Währung bildet. Die Blockchain ermöglicht es, Transaktionen sicher und dezentral zu speichern. Diese Technologie kann auch für andere Zwecke verwendet werden - beispielsweise für die Verwaltung von Lieferketten oder für digitale Identitäten. Das Potenzial der Blockchain-Technologie ist groß, und es wird erwartet, dass sie in Zukunft breiter eingesetzt wird.

Insgesamt bietet Bitcoin zahlreiche Möglichkeiten, um das Potenzial der Währung zu nutzen. Ob es sich um ein langfristiges Investment handelt, die Zahlung für grenzüberschreitende Transaktionen oder die Nutzung der Blockchain-Technologie - aufgrund seiner einzigartigen Eigenschaften hat Bitcoin das Potenzial, die digitale Finanzwelt zu revolutionieren.

WIE MAN BITCOIN-MINING BETREIBEN KANN

Bitcoin-Mining ist der Vorgang, bei dem neue Bitcoins durch die Lösung komplexer mathematischer Probleme erstellt werden. Da es keine zentrale Regulierungsbehörde gibt, die das Mining von Bitcoin regelt, ist es im Grunde genommen für jeden möglich, Bitcoin zu minen. Hier ist eine detailliertere Beschreibung darüber, wie das Mining von Bitcoin funktioniert.

Bitcoin-Mining-Prozess

Zunächst benötigt man einen Bitcoin-Mining-Client oder eine Mining-Software, um Bitcoins zu minen. Diese Software führt komplexe mathematische Berechnungen durch und löst die mathematischen Probleme, die als "Proof of Work" bezeichnet werden. Wenn ein Miner ein Problem löst, erhält er als Belohnung eine bestimmte Anzahl von Bitcoins.

Das Bitcoin-Mining erfolgt durch das Netzwerk von Bitcoin-Nodes. Die Miner verbinden sich mit dem Bitcoin-Netzwerk und stellen ihre Rechenleistung zur Verfügung, um bei der Überprüfung von Transaktionen zu helfen. Die Miner überprüfen die Korrektheit der Transaktionen, indem sie die Blockchain synchronisieren und die Transaktionen bestätigen. Die Blockchain ist die öffentliche Datenbank, die alle Bitcoin-Transaktionen enthält.

Das Mining von Bitcoin wird zunehmend schwieriger, je mehr Bitcoin es auf dem Markt gibt. Diese Schwierigkeit wird durch den Bitcoin-Algorithmus reguliert, der das "Proof of Work" schwieriger macht, je mehr Miners es gibt.

Erfolgreiches Bitcoin-Mining

Um erfolgreich Bitcoin zu minen, benötigt man ASIC-Miner und spezielle Mining-Software. ASIC-Miner sind spezielle Computer, die speziell für das Mining von Bitcoin entwickelt wurden. Diese Computer wurden entwickelt, um die mathematischen Berechnungen durchzuführen, die für das Mining von Bitcoin erforderlich sind.

Die Mining-Software erleichtert es den Minern, eine Verbindung zum Bitcoin-Netzwerk herzustellen und mit dem Mining zu beginnen. Die meisten Mining-Software-Lösungen bieten alle Informationen, die der Miner benötigt, um erfolgreich zu minen, wie z.B. die Hash-Rate, die zur Verarbeitung von Transaktionen benötigt wird, und die Anzahl der gelösten Probleme.

Belohnungen für Bitcoin-Mining

Die Belohnungen für das Mining von Bitcoin sind zweifach, einerseits bekommt man einen Anteil an den neu erstellten Bitcoins und andererseits bekommt man auch, wenn ein Block erfolgreich gemined wurde, die anfallenden Transaktionsgebühren, die auf diesem Block basieren.

Fazit

Bitcoin-Mining erfordert eine beträchtliche Investition in Hardware und Stromkosten, aber es ist eine rentable Möglichkeit, Bitcoin zu generieren. Die Zukunft des Bitcoin-Minings ist jedoch nicht klar, denn das Mining wird sich weiterhin verändern und möglicherweise neue Technologien hervorbringen, die das bisherige Verfahren ersetzen werden.

BITCOIN UND ANDERE KRYPTOWÄHRUNGEN IM VERGLEICH

Bitcoin ist die am weitesten verbreitete Kryptowährung, aber es gibt noch viele andere Währungen, die auf der Blockchain-Technologie basieren. Einige dieser Kryptowährungen sind sehr ähnlich zu Bitcoin, während andere einige einzigartige Eigenschaften haben, die sie von Bitcoin unterscheiden. Im Folgenden werden einige der wichtigsten Kryptowährungen im Vergleich zu Bitcoin betrachtet:

Ethereum: Wie Bitcoin ist auch Ethereum eine Open-Source-Blockchain-Plattform, jedoch mit einigen wichtigen Unterschieden. Einer der größten Unterschiede ist, dass Ethereum es Benutzern ermöglicht, Smart Contracts zu erstellen und auszuführen. Dies eröffnet eine Vielzahl von Möglichkeiten für die Entwicklung von dezentralen Anwendungen und Unternehmen auf Basis der Ethereum-Plattform.

Litecoin: Litecoin ist eine schnellere Variante von Bitcoin mit niedrigeren Transaktionsgebühren. Litecoin unterscheidet sich von Bitcoin durch eine kürzere Blockzeit, was bedeutet, dass Transaktionen in der Regel schneller bestätigt werden können. Ein weiterer Unterschied ist die Verwendung von Scrypt anstelle von SHA-256 für den Proof-of-Work-Algorithmus.

Ripple: Ripple ist eine schnellere und billigere Alternative zu traditionellen internationalen Überweisungen. Im Gegensatz zu Bitcoin und Ethereum ist Ripple keine dezentralisierte Kryptowährung. Stattdessen wird es von einem Unternehmen kontrolliert und verwaltet, das RippleNet betreibt, ein

Netzwerk von Banken und Finanzinstituten, das schnelle und kostengünstige grenzüberschreitende Transaktionen ermöglicht.

Bitcoin Cash: Bitcoin Cash entstand als Fork von Bitcoin und wurde entwickelt, um einige der Skalierbarkeitsprobleme von Bitcoin zu lösen. Bitcoin Cash hat eine größere Blockgröße als Bitcoin und kann daher mehr Transaktionen gleichzeitig verarbeiten. Es verfügt jedoch nicht über die gleiche Benutzerbasis wie Bitcoin und hat daher einen geringeren Wert und geringere Akzeptanz.

Dash: Dash ist eine schnellere und sicherere Kryptowährung, die auf Privatsphäre und Anonymität ausgerichtet ist. Dash wurde entwickelt, um die Transaktionsgeschwindigkeit zu erhöhen und das Problem der Transaktionsverzögerungen und hohen Gebühren, die bei Bitcoin auftreten können, zu lösen. Ein wichtiger Unterschied bei Dash ist die Möglichkeit, Transaktionen privat zu senden, indem man eine Funktion namens "PrivateSend" verwendet.

Zusammenfassend lässt sich sagen, dass Kryptowährungen wie Ethereum, Litecoin, Ripple, Bitcoin Cash und Dash einige einzigartige Eigenschaften haben, die sie von Bitcoin unterscheiden. Obwohl Bitcoin die am weitesten verbreitete und bekannteste Kryptowährung ist, gibt es viele andere Kryptowährungen, die für bestimmte Zwecke besser geeignet sein könnten als Bitcoin. Es bleibt abzuwarten, wie sich der Markt für Kryptowährungen in Zukunft entwickeln wird und welche Rolle Bitcoin und andere Kryptowährungen spielen werden.

BITCOIN-HANDELSSTRATEGIEN UND -TIPPS

Bitcoin hat in den letzten Jahren eine unglaubliche Wertentwicklung erfahren und daher verfolgen viele Anleger interessiert den Preisanstieg und suchen nach Handelsstrategien und Tipps, um von dieser Entwicklung zu profitieren.

Eine der beliebtesten Handelsstrategien für Bitcoin ist der Kauf und die Haltung, was auch als "HODLing" bekannt ist. Diese Strategie beinhaltet, dass ein Anleger Bitcoin kauft und so lange wie möglich hält, bevor er ihn verkauft. Der Grund für diese Strategie ist der Glaube, dass Bitcoin in der Zukunft an Wert zulegen wird.

Eine weitere Strategie ist der sogenannte "Dollar Cost Averaging". Hierbei kauft ein Anleger Bitcoin zu einem bestimmten Zeitpunkt und beteiligt sich dann regelmäßig mit denselben Beträgen, um den Durchschnittskurs über einen längeren Zeitraum zu ermitteln. Auf diese Weise verringert ein Anleger das Risiko von Kursveränderungen und kann gleichzeitig von einem stabilen Durchschnittspreis profitieren.

Eine andere Strategie ist das Trading von Bitcoin gegen andere Krypto- oder Fiat-Währungen. Wenn Sie sich für diese Strategie entscheiden, sollten Sie sich einen Preisfestlegungsmechanismus für den Bitcoin-Preis suchen, um Ihre Entscheidungen zu erleichtern. Eine beliebte Option für diese Strategie ist das Trading von Bitcoin gegen US-Dollar.

Es gibt auch Handelssignale, die von Experten und Software-Programmen bereitgestellt werden, um Anleger bei ihren Investitionsentscheidungen zu unterstützen. Während diese

Signale oft eine hohe Genauigkeit bieten, ist es wichtig zu beachten, dass es keine Garantie für ihre Richtigkeit gibt.

Ein wichtiger Tipp für den Handel mit Bitcoin ist ein gründliches Wissen über das Marktrisiko, das mit Investitionen in Kryptowährungen verbunden ist. Es ist wichtig, die Veränderungen des Marktes ständig zu beobachten und die Investitionsentscheidungen anzupassen, um Verluste zu minimieren.

Insgesamt ist der Handel mit Bitcoin sehr riskant, aber auch sehr lohnend, wenn er richtig gemacht wird. Bei der Auswahl von Handelsstrategien und Tipps sollten Anfänger vorsichtig sein und immer gründlich recherchieren, bevor sie sich für eine Strategie oder Taktik entscheiden.

STEUERN UND BITCOIN

Bitcoin und andere Kryptowährungen sind zwar digital, aber sie sind immer noch Vermögenswerte, die eine Bewertung und Regulierung erfordern. Es gibt viele Fragen rund um die steuerliche Behandlung von Bitcoin-Geschäften, und es ist wichtig, dass Sie wissen, wie Sie Ihre Steuern richtig behandeln, um rechtliche Komplikationen zu vermeiden.

Im Allgemeinen betrachtet der Internal Revenue Service (IRS) Bitcoin als Vermögenswert und nicht als Währung. Der Verkauf von Bitcoins wird als Kapitalgewinn behandelt, und es gibt zwei Arten von Kapitalgewinnen: kurzfristige Kapitalgewinne (weniger als ein Jahr) und langfristige Kapitalgewinne (mehr als ein Jahr). Kurzfristige Kapitalgewinne werden wie reguläre Einkommenssteuern besteuert, während langfristige Kapitalgewinne mit einem niedrigeren Steuersatz besteuert werden.

Wenn Sie in Bitcoin investieren oder es zu einem höheren Preis verkaufen als dem, zu dem Sie es erworben haben, wird der Gewinn in Ihre Steuererklärung aufgenommen und besteuert. Wenn Sie Bitcoin jedoch als Zahlungsmittel oder zum Kauf von Waren und Dienstleistungen verwenden, ist dieses Einkommen steuerpflichtig. Diese Transaktionen können als Verkäufe von Vermögenswerten behandelt und entsprechend besteuert werden.

Möglicherweise können Sie auch steuerliche Verluste geltend machen, wenn der Preis von Bitcoin niedriger ist als der Preis, zu dem Sie ihn gekauft haben. Diese Verluste können gegen andere Kapitalgewinne oder Ihr reguläres Einkommen verwendet werden, um Ihre Steuerschuld zu verringern. Wenn Sie jedoch Geld in Bitcoin-Geschäften verlieren, aber nicht in der Lage sind,

Ihre Verluste gegen andere Arten von Einkommen auszugleichen, können Sie möglicherweise nicht alle Verluste abziehen.

Es ist auch wichtig zu beachten, dass Bitcoin-Geschäfte möglicherweise auch auf Landesebene besteuert werden können. Einige Bundesländer haben beschlossen, Bitcoin als Währung zu klassifizieren, anstatt es als Vermögenswert zu behandeln. Dies könnte bedeuten, dass der Verkauf von Bitcoin wiederum als Umsatzsteuer behandelt werden kann, wodurch die Gesamtsteuerlast erhöht wird.

Es ist klar, dass die steuerliche Behandlung von Bitcoin komplex sein kann. Es ist immer am besten, einen Buchhalter oder Steuerberater zu konsultieren, der mit Bitcoin-Transaktionen vertraut ist, um sicherzustellen, dass Sie Ihre Steuern ordnungsgemäß behandeln und möglicherweise Steuervorteile nutzen können.

BITCOIN UND DIE ZUKUNFT DER FINANZWELT

Bitcoin hat sich seit seiner Einführung im Jahr 2009 zu einer disruptiven Kraft in der Welt der Finanzen entwickelt. Als dezentrales, offenes und grenzüberschreitendes Zahlungsmittel hat Bitcoin das Potenzial, die Art und Weise zu verändern, wie wir Geld senden, empfangen und aufbewahren.

Die Grundlage von Bitcoin ist die Blockchain-Technologie, die eine dezentrale und unveränderliche Datenbank ermöglicht. Das bedeutet, dass es keine zentrale Autorität gibt, die Transaktionen bestätigt oder Konten verwaltet. Stattdessen wird jede Transaktion von einem Netzwerk von Benutzern validiert, die als "Miner" bekannt sind und im Austausch für ihre Arbeit eine kleine Menge an Bitcoin erhalten.

Diese dezentrale Natur macht Bitcoin zu einem sicheren und widerstandsfähigen Zahlungsmittel. Im Gegensatz zu traditionellen Banküberweisungen, bei denen Beträge Stunden oder sogar Tage benötigen, um abgewickelt zu werden, können Bitcoin-Transaktionen in Sekundenschnelle durchgeführt werden. Transaktionen sind auch pseudonym, was bedeutet, dass Benutzer keine persönlichen Informationen preisgeben müssen, um Bitcoin zu senden oder zu empfangen.

Darüber hinaus bietet Bitcoin viele Verwendungsmöglichkeiten, die über reine Zahlungen hinausgehen. Es kann als digitales Gold betrachtet werden, da es als Wertspeicher dienen kann und ein begrenztes Angebot hat. Es kann auch als Investition oder als Absicherung gegen Inflation oder eine instabile Fiatwährung verwendet werden.

Obwohl Bitcoin noch nicht allgemein akzeptiert wird, ist es eine wachsende Zahl von Unternehmen, die Bitcoin als Zahlungsoption akzeptieren. Unternehmen wie Microsoft, Expedia, Overstock und Subway haben angekündigt, Bitcoin zu akzeptieren, und viele andere folgen diesem Beispiel.

In der Zukunft ist es möglich, dass Bitcoin als eine Alternative zur herkömmlichen Banken- und Zahlungssysteme verwendet wird, insbesondere in Ländern mit instabiler Währung oder eingeschränktem Zugang zu Bankdienstleistungen. Es kann auch als ein Werkzeug zur Finanzierung von Crowdfunding-Projekten oder zur Abwicklung von Smart Contracts verwendet werden.

Letztendlich ist die Zukunft von Bitcoin ungewiss, aber es ist klar, dass es eine disruptive Kraft in der Finanzwelt darstellt. Ob es als Wertspeicher, Investmentinstrument oder Zahlungsmittel verwendet wird, wird die Zeit zeigen. Aber eines ist sicher: Bitcoin hat bereits die Art und Weise verändert, wie wir über das traditionelle Bank- und Zahlungssystem denken.

OPTIONEN FÜR INVESTITIONEN IN BITCOIN

Bitcoin ist derzeit eine der am meisten diskutierten Anlageklassen. Viele Anleger haben bereits in Bitcoin investiert, andere fragen sich jedoch, ob sie in Bitcoin investieren sollten. Es gibt verschiedene Möglichkeiten, in Bitcoin zu investieren, die unterschiedliche Vorteile und Risiken mit sich bringen. In diesem Kapitel werden wir uns einige Optionen für Investitionen in Bitcoin genauer ansehen.

1. Direkter Kauf

Der einfachste Weg, in Bitcoin zu investieren, besteht darin, direkt Bitcoin zu kaufen. Sie können Bitcoin auf einer Kryptowährungsbörse oder über eine Broker-Plattform erwerben. Der Kaufprozess ist in der Regel einfach und schnell, erfordert jedoch eine gewisse Sorgfalt bei der Auswahl einer seriösen und sicheren Plattform. Der Preis von Bitcoin ist volatil, daher ist es wichtig, den Markt aufmerksam zu beobachten.

2. Bitcoin-Fonds

Bitcoin-Fonds sind Anlagefonds, die in Bitcoin investieren. Sie bieten Anlegern eine indirekte Möglichkeit, in Bitcoin zu investieren, ohne dass sie sich um den Kauf und die Speicherung von Bitcoin selbst kümmern müssen. Ein weiterer Vorteil von Bitcoin-Fonds ist, dass sie professionell verwaltet werden und die Anlagestrategie von erfahrenen Fondsmanagern umgesetzt wird.

3. Bitcoin-Zertifikate

Bitcoin-Zertifikate sind eine weitere Möglichkeit, indirekt in Bitcoin zu investieren. Dabei erwirbt der Anleger ein Wertpapier, das den Preis von Bitcoin abbildet. Der Vorteil von Bitcoin-Zertifikaten ist, dass sie auf konventionellen Börsen gehandelt werden und somit für viele Anleger zugänglich sind. Allerdings sind Bitcoin-Zertifikate wie alle Wertpapiere einem höheren Risiko ausgesetzt.

4. Bitcoin-Mining

Mining ist ein Prozess, bei dem neue Bitcoins generiert werden, indem mathematische Probleme gelöst werden. Für Privatpersonen ist Bitcoin-Mining heute jedoch nicht mehr rentabel, da die Kosten für die Maschinen, die Stromrechnungen und die Wartungskosten beträchtlich sein können. Darüber hinaus ist es schwieriger geworden, einen Gewinn aus dem Mining von Bitcoin zu erzielen.

5. Bitcoin-CFDs

Bitcoin-CFDs (Contracts for Difference) sind ein spekulatives Anlageinstrument, das es Anlegern ermöglicht, auf Preisschwankungen von Bitcoin zu spekulieren. Der Anleger schließt einen Vertrag mit einem Broker ab, der die Differenz zwischen dem Kauf- und Verkaufspreis von Bitcoin auszahlt. Der Vorteil von Bitcoin-CFDs ist, dass Investoren auf Preisbewegungen von Bitcoin setzen können, ohne tatsächlich Bitcoin besitzen zu müssen. Allerdings sollten CFDs mit Vorsicht behandelt werden, da sie ein hohes Risiko mit sich bringen.

6. Initial Coin Offerings (ICOs)

Ein neuer Trend sind sogenannte Initial Coin Offerings, bei denen neue Kryptowährungen auf den Markt gebracht werden. Anleger können in der Regel mit Bitcoin oder anderen Kryptowährungen auf ICOs investieren und erhalten im Gegenzug die neu geschaffene Kryptowährung. ICOs sind sehr riskant und sollten nur von erfahrenen Anlegern in Erwägung gezogen werden.

Zusammenfassend lässt sich sagen, dass es viele Möglichkeiten gibt, in Bitcoin zu investieren. Wenn Sie das Potenzial von

Bitcoin als Anlageklasse nutzen möchten, ist es wichtig, sich gut zu informieren und die unterschiedlichen Optionen genau zu prüfen. Beachten Sie auch, dass der Markt für Kryptowährungen volatil und mit einem hohen Risiko verbunden ist, daher sollten Sie stets ihre Risikotoleranz im Auge behalten.

HERAUSFORDERUNGEN UND RISIKEN BEI DER VERWENDUNG VON BITCOIN

Bitcoin hat zweifellos das Potenzial, die Art und Weise, wie wir Finanztransaktionen durchführen, zu verändern. Es gibt jedoch auch Herausforderungen und Risiken, die bei der Verwendung von Bitcoin beachtet werden sollten. In diesem Kapitel werfen wir einen Blick auf einige dieser Herausforderungen und Risiken.

1. Volatilität

Die Volatilität von Bitcoin ist eines der zentralen Risiken bei der Verwendung dieser Kryptowährung. Der Wert von Bitcoin kann innerhalb weniger Stunden erheblich schwanken, was bedeutet, dass Sie enorme Gewinne oder Verluste erleiden können. Dies ist besonders allgegenwärtig bei der Spekulation von Bitcoin-Handel und Investitionen in Kryptowährungen im Allgemeinen.

2. Sicherheit

Die Sicherheit ist ein weiterer Faktor, der bei der Verwendung von Bitcoin beachtet werden sollte. Es ist bekannt, dass Bitcoin-Transaktionen verschlüsselt sind, aber Hacker können trotzdem versuchen, auf Bitcoin-Börsen oder digitale Geldbörsen zuzugreifen. Es gibt auch die Möglichkeit, dass Sie Ihre Passwörter oder privaten Schlüssel verlieren, was dazu führen kann, dass Sie nicht mehr auf Ihre Bitcoins zugreifen können.

3. Regulierung

Eine weitere Herausforderung bei der Verwendung von Bitcoin ist die Regulierung. Da Bitcoin dezentralisiert ist, wird es von keiner zentralen Behörde kontrolliert. Dies bedeutet, dass es keinen Schutz gibt, wenn es um betrügerische oder illegale Bitcoin-Transaktionen geht. Es gibt auch die Möglichkeit, dass Regierungen versuchen, Bitcoin zu regulieren oder zu verbieten. Selbst wenn Sie darüber nachdenken, in Bitcoin zu investieren oder zu handeln, empfehlen wir Ihnen, die Gesetze und Vorschriften in Bezug auf Bitcoin in Ihrer Region zu überprüfen.

4. Akzeptanz bei Händlern

Obwohl mehr und mehr Unternehmen Bitcoin als Zahlungsmittel akzeptieren, ist es nicht so weit verbreitet wie herkömmliche Währungen. Dies erschwert es, Bitcoin in einigen Situationen zu verwenden. Es gibt jedoch Dienste und Plattformen, die Bitcoin in herkömmliche Währungen umtauschen können, was es einfacher macht, Bitcoin in der realen Welt zu verwenden.

5. Skalierbarkeit

Zu den technischen Herausforderungen, die mit der Verwendung von Bitcoin verbunden sind, gehört die Skalierbarkeit. Das Bitcoin-Netzwerk ist in der Lage, nur eine begrenzte Anzahl von Transaktionen pro Sekunde zu verarbeiten. Wenn es zu viele Transaktionen gibt, kann dies zu Verzögerungen und höheren Gebühren führen.

Fazit: Bitcoin ist eine relativ neue Technologie und hat daher Herausforderungen und Risiken bei der Verwendung. Die Volatilität, Sicherheit, Regulierung, Akzeptanz bei Händlern und Skalierbarkeit sind einige der Faktoren, die bei der Verwendung von Bitcoin zu beachten sind. Es ist wichtig, dass Sie Ihre Recherchen machen und sich bewusst sind, dass ein gewisses Maß an Risiko und Unsicherheit damit verbunden ist, Bitcoin zu verwenden oder zu investieren.

BITCOIN VOR- UND NACHTEILE

Bitcoin ist seit seiner Entstehung im Jahr 2009 zu einer der bedeutendsten Kryptowährungen auf dem Markt geworden. Es hat jedoch Vor- und Nachteile, die Investoren und Anwender sorgfältig abwägen müssen.

Ein großer Vorteil von Bitcoin besteht darin, dass es dezentralisiert ist und keine zentrale Autorität oder Vermittler benötigt, um Transaktionen durchzuführen. Es gibt auch keine festgelegten Gebühren für Transaktionen, und die Übertragung von Bitcoins kann relativ schnell erfolgen. Darüber hinaus wird die Anzahl der Bitcoins, die in Umlauf gebracht werden können, durch das Protokoll auf 21 Millionen begrenzt, was langfristige Inflation oder Abwertung verhindert.

Ein weiterer Vorteil von Bitcoin besteht darin, dass es Anonymität und Datenschutz gewährleistet. Nutzer können Bitcoin-Wallets erstellen, ohne ihren echten Namen oder andere Informationen offenbaren zu müssen. Dies bietet ein hohes Maß an Sicherheit und reduziert die Wahrscheinlichkeit von Identitätsdiebstahl oder Phishing-Angriffen.

Allerdings gibt es auch Risiken bei der Verwendung von Bitcoin. Währungen wie Bitcoin sind sehr volatil und können schnell an Wert verlieren oder gewinnen. Die Preise hängen von vielen Faktoren ab, wie etwa Regulierungen, Wirtschaftslage oder medialer Spekulation. Es gibt auch Bedenken hinsichtlich Sicherheit und Datenschutz. Obwohl die Transaktionen selbst relativ sicher und verschlüsselt sind, gibt es Bedenken hinsichtlich des Schutzes der Wallets und der Privatsphäre der Benutzer.

Die Legalität von Bitcoin ist ebenfalls umstritten. Es gibt

Länder, die den Gebrauch von Bitcoin beschränkt oder gänzlich verboten haben. Während seiner Geschichte wurde Bitcoin auch für illegale Aktivitäten, wie etwa Drogenhandel, Erpressung oder Geldwäsche, eingesetzt, was zu Kontroversen um seine Verwendung führte.

Insgesamt bietet Bitcoin eine spannende Alternative zu herkömmlichen Währungen, die aufgrund ihrer Dezentralisierung und Anonymität sicherer erscheint. Dennoch birgt es auch Risiken, die jeder Anleger oder Anwender berücksichtigen muss. Es ist wichtig, sich über die aktuellen Gesetze und Vorschriften zu informieren und die beste Vorgehensweise für die persönlichen Anlagebedürfnisse zu planen.

WIE MAN BITCOIN IN DIE EIGENE FINANZPLANUNG EINBEZIEHT

Bitcoin ist eine dezentrale Währung, die in den letzten Jahren immer beliebter geworden ist. Es gibt viele Möglichkeiten, Bitcoin in die eigene Finanzplanung einzubeziehen. In diesem Kapitel werden verschiedene Wege vorgestellt, wie man Bitcoin gewinnbringend in die eigene Finanzplanung einbeziehen kann.

1. Als Investment

Bitcoin hat in den letzten Jahren erheblich an Wert gewonnen und wird von vielen Menschen als Investitionsmöglichkeit angesehen. Es gibt verschiedene Möglichkeiten, in Bitcoin zu investieren, wie z.B. den Kauf von Bitcoin direkt auf einer Krypto-Börse, den Kauf von Bitcoin-Aktien oder den Kauf einer Krypto-Fonds.

2. Als Zahlungsmittel

Bitcoin wird von immer mehr Händlern akzeptiert und kann zur Bezahlung von Produkten und Dienstleistungen verwendet werden. Wenn man Bitcoin regelmäßig verwendet, kann man eine gute Möglichkeit finden, um finanzielle Flexibilität und Unabhängigkeit zu erlangen.

3. Mining

Eine weitere Möglichkeit, Bitcoin in die eigene Finanzplanung einzubeziehen, ist das Mining. Das Mining von Bitcoin erfordert in der Regel erhebliche Investitionen in Hardware und Strom. Wenn man jedoch die notwendigen Ressourcen hat, kann das Mining eine lukrative Möglichkeit bieten, um Bitcoin zu verdienen.

4. Bitcoin als Bargeld

Bitcoin kann auch in Form von Bargeld erworben werden. Es gibt Angebote von Bitcoin-Geldautomaten, wo man Bitcoin gegen Bargeld tauschen kann. Hierbei sollte man jedoch sicherstellen, dass man in seriöse Angebote investiert.

5. Handelsplattformen

Bitcoin wird von vielen Handelsplattformen unterstützt. Man kann Bitcoin auf diesen Plattformen handeln und damit Geld verdienen. Dabei geht es allerdings auch um ein gewisses Risiko. Man sollte daher sicherstellen, dass man sich mit den Sonderheiten von Bitcoin auskennt und genau weiß, wie man traden sollte.

Fazit:

Man kann Bitcoin auf viele verschiedene Weise in die eigene Finanzplanung einbeziehen. Es gibt keine Erfolgsgarantie, jedoch gibt es eine Menge an Möglichkeiten, um von Bitcoin zu profitieren. Wenn man sich mit Bitcoin gut auskennt und das Risiko im Griff hat, kann der Einsatz von Bitcoin in der eigenen finanziellen Planung eine gute Möglichkeit bieten, um Vermögen und finanzielle Unabhängigkeit aufzubauen.

DIE ROLLE VON BITCOIN IN DER MODERNEN WELT.

Bitcoin hat in den letzten Jahren immer mehr Aufmerksamkeit erlangt und gilt heute als eine der wichtigsten Kryptowährungen. Bitcoin hat in der modernen Welt bereits eine bedeutende Rolle gespielt und wird aller Voraussicht nach auch in Zukunft eine bedeutende Rolle spielen, insbesondere in der Finanzbranche und der globalen Wirtschaft.

Eine der wichtigsten Eigenschaften von Bitcoin ist seine Dezentralität. Im Gegensatz zu Regierungsbehörden oder Zentralbanken können keine Dritten Bitcoin kontrollieren oder beeinflussen. Das bedeutet, dass Bitcoin als eine unabhängige Währung fungiert, die nicht von politischen Entscheidungen oder Krisen beeinflusst wird.

Ein weiterer wichtiger Faktor, der die Rolle von Bitcoin in der modernen Welt definiert, ist die zunehmende Akzeptanz von Bitcoin als Zahlungsmethode. Immer mehr Geschäfte und Unternehmen akzeptieren Bitcoin als Zahlungsmittel. Auch große Unternehmen wie Microsoft und Dell akzeptieren Bitcoin-Zahlungen. Diese Akzeptanz hat dazu geführt, dass immer mehr Menschen Bitcoin besitzen und nutzen.

Neben der Verwendung als Zahlungsmittel wird Bitcoin auch als Anlageklasse immer beliebter. Immer mehr Menschen investieren in Bitcoins als Absicherung gegen Währungs- und Finanzmarktunsicherheiten. So kann Bitcoin beispielsweise als alternative Anlageklasse in einem Portfolio genutzt werden.

Die Blockchain-Technologie, auf der Bitcoin aufgebaut ist, hat auch in anderen Bereichen Anwendung gefunden. Die Blockchain-

Technologie wird zum Beispiel bei der Entwicklung von Smart Contracts und der sicheren Speicherung von Daten genutzt. Experten gehen davon aus, dass die Blockchain-Technologie in den kommenden Jahren eine noch bedeutendere Rolle in anderen Bereichen des täglichen Lebens spielen wird.

Einige Experten sehen auch ein Potenzial für Bitcoin und andere Kryptowährungen als offizielles Zahlungsmittel in Zukunft. Einige Länder, wie zum Beispiel Venezuela und Ecuador, haben bereits eigene Kryptowährungen eingeführt und andere Länder könnten in Zukunft folgen.

Es gibt auch einige Herausforderungen, die noch überwunden werden müssen, damit Bitcoin eine größere Rolle in der modernen Welt spielen kann. Eines der größten Probleme sind die Schwankungen des Bitcoin-Preises. Die Volatilität des Bitcoin-Preises ist eine große Herausforderung für diejenigen, die Bitcoin als Zahlungsmittel oder Investition nutzen möchten.

Ein weiteres Problem ist die Sicherheit von Bitcoin-Transaktionen. Während Bitcoin-Transaktionen grundsätzlich sicher sind, können sie auch gehackt werden. Die Sicherheitsmaßnahmen von Bitcoin-Mining-Pools sollten ständig verbessert werden.

Insgesamt hat Bitcoin bereits eine bedeutende Rolle in der modernen Welt gespielt und wird aller Voraussicht nach auch in Zukunft eine große Rolle spielen. Es ist jedoch wichtig, dass die Herausforderungen, die noch überwunden werden müssen, erfolgreich bewältigt werden, um das Potenzial von Bitcoin voll ausschöpfen zu können.